D1931786

Gundula Guse

FROTTEE – TOP IN FORM

Lustige Verpackungsideen aus Frotteetüchern

frechverlag

Im frechverlag sind zahlreiche weitere Kreativ-Bücher zu verschiedenen Techniken erschienen. Hier eine Auswahl:

TOPP 2325

TOPP 2282

TOPP 1937

TOPP 2330

TOPP 2320

TOPP 2268

Fotos: frechverlag GmbH + Co. Druck KG, 70499 Stuttgart; Fotostudio Ullrich & Co., Renningen

Auflage: 5. 4. 3. 2. | Letzte Zahlen
Jahr: 2002 2001 2000 1999 | maßgebend

frechverlag GmbH + Co. Druck KG, 70499 Stuttgart

ISBN 3-7724-2399-X · Best.-Nr. 2399

Druck: frechverlag GmbH + Co. Druck KG, 70499 Stuttgart

Gästetücher, Geschirrtücher, Waschlappen, Handtücher, Duschtücher und Seiflappen sind ein stets willkommenes und nützliches Geschenk für jeden Haushalt. Aber phantasievoll verpackt sollten sie sein. In diesem Buch wird Ihnen gezeigt, wie Sie Frotteewaren ganz einfach und schnell **TOP IN FORM** bringen können.

Wie wäre es zur Abwechslung mit einem Pinguinbrautpaar zur Hochzeit, einer „Putzperle" zum Einzug, einem Schneemann zu Weihnachten, einer Maus zum Geburtstag oder einem Glücksschweinchen zur Silvesterparty? All die witzigen Figuren können zum Beispiel einen ganzen Stapel Handtücher zu einem ausgefallenen Geschenk machen, sie verleihen aber auch Geldgeschenken eine ganz persönliche Note.

Sie werden sehen, es ist gar nicht so schwer, aus Frotteewaren ein originelles, individuelles und außergewöhnliches Geschenk zu gestalten, das alle begeistern wird.

Ich wünsche Ihnen viel Spaß beim Formen.

Ihre Gundula Guse

MATERIAL UND WERKZEUG

Sie benötigen:

Handtücher, Gästetücher, Geschirrtücher etc.
Stecknadeln
Bleistift
Schwarzer und roter Filzstift
Schere
Transparentpapier
Glanz- und Tonkarton
Dünne Pappe
Klebstoff
Klebefilm
Doppelseitiges Klebeband
Styropor
Zellophanfolie
Kleine Plastiktüten
Zeitungspapier
Tacker
Verschiedene Bänder
Wackelaugen
Verschiedene Deko-Artikel
Watte

DAS HERSTELLEN VON AUGEN, SCHNÄBELN, FÜSSEN ETC.

Im Buch sind die Vorlagen für die Augen, Schnäbel, Füße usw. auf den entsprechenden Seiten abgedruckt. Am besten fertigen Sie für diese Teile Schablonen an. Dazu wird das Motiv auf Transparentpapier übertragen, ausgeschnitten und auf ein Stück dünne Pappe geklebt. Dann wird das Motiv ausgeschnitten. Die fertige Schablone kann nun auf den Ton- bzw. Glanzkarton in der entsprechenden Farbe gelegt und mit einem Stift umfahren werden. Dann werden die Teile, wenn nötig, bemalt und anschließend ausgeschnitten.

HOCHZEITSTORTE

Material:
1 Duschtuch in Weiß (70 x 140 cm)
1 Handtuch in Weiß (50 x 100 cm)
1 Gästetuch in Weiß (30 x 50 cm)
Schleifenband in Rot, 4 cm breit
Spitzenband in Weiß, 2,5 cm breit
Kleine, rote Seidenrosen
Küssendes Porzellanbrautpaar
Doppelseitiges Klebeband

Falten Sie das Duschtuch der Länge nach auf die Hälfte. Diesen Vorgang wiederholen Sie noch zweimal, so daß ein 9 cm breiter Streifen entsteht. Rollen Sie diesen schneckenförmig zusammen, und fixieren Sie das Ende mit Stecknadeln. Mit dem Handtuch und dem Gästetuch verfahren Sie ebenso. Legen Sie nun die Tücher zur Torte aufeinander, und fixieren Sie sie mit einigen Stecknadeln. Nun binden Sie um jeden „Tortenboden" rotes Schleifenband, darauf befestigen Sie eine Schleife aus Schleifenband sowie eine Schleife aus Spitzenband. Die Seidenrosen verteilen Sie auf der Torte. Zum Schluß wird das Porzellanbrautpaar mit doppelseitigem Klebeband oben auf der Torte festgeklebt.

GLÜCKSSCHWEIN

Material:
1 Gästetuch in Rosa (30 x 50 cm)
Rosa Ringelband
Goldenes Schleifenband, 2,5 cm breit
Schwarzer Glanzkarton
Weißer Tonkarton
Schwarzer Filzstift
Deko-Zylinder, -Kleeblatt, -Hufeisen
Zellophanfolie
Etwas Styropor

Bei der Herstellung des Schweinchens können Sie sich an den Abbildungen orientieren. Legen Sie zum Formen der Ohren die gegenüberliegenden Ecken der kürzeren Seite übereinander, und verbinden Sie diese mit Ringelband. Die Länge der Ohren sollte 5 cm betragen. Schieben Sie eine Kugel aus Folie für den Kopf (Umfang 24 cm) in die Öffnung unterhalb der Ohren. Formen Sie nun die Nase mit etwas zusätzlicher Folie, und binden Sie diese sowie den Kopf mit Ringelband ab. Der Umfang des Bauches beträgt 28 cm.

Schieben Sie eine entsprechend große Kugel aus Folie in die Öffnung unterhalb des Kopfes. Ziehen Sie die verbleibenden Enden bis zum Hals, so daß ein runder Bauch entsteht. Nun fixieren Sie alle Teile mit Ringelband. Zum Schluß formen Sie die Arme und fixieren diese mit Stecknadeln. Fertigen Sie die Augen aus Tonkarton und die Nasenlöcher aus Glanzkarton. Befestigen Sie den Zylinder, die Schleife, die bemalten Augen, die Nasenlöcher, das Kleeblatt sowie das Hufeisen mit Stecknadeln. Um dem Schweinchen mehr Standfestigkeit zu geben, stecken Sie es mit Stecknadeln auf dem Styropor fest.

NILPFERD

Material:
2 Gästetücher in Hellgrau
(30 x 50 cm)
Weißer Tonkarton
Schwarzer Glanzkarton
Schwarzer Filzstift
Graues Ringelband
Silbernes Schleifenband, 2,5 cm breit
Deko-Zylinder
Zellophanfolie
Etwas Styropor

Für den Kopf des Nilpferdes legen Sie ein Gästetuch der Länge nach zur Hälfte zusammen (30 x 25 cm) und binden mit Ringelband an der geschlossenen Seite die Ohren mit einer Länge von 6 cm ab. Dann stecken Sie für den Kopf eine Kugel aus Zellophanfolie (Umfang 30 cm) in die Öffnung, formen aus dieser auch die Nase, die mit Ringelband abgebunden wird, und binden die unteren Enden zusammen. Legen Sie nun das zweite Gästetuch der Länge nach mit der rechten Seite nach unten vor sich hin. Die linke untere Ecke sowie die rechte obere Ecke werden zusammengenommen und etwa 5 cm nach innen geschlagen. Zwischen diese nach innen geschlagenen Ecken legen Sie nun den Hals und verbinden die beiden Tücher von innen mit Ringelband. In die entstandene Öffnung schieben Sie eine Kugel aus Folie für den Bauch (Umfang 42 cm). Ziehen Sie nun die verbleibenden Enden zum Hals, und befestigen Sie diese mit Ringelband, so daß ein runder Bauch entsteht. Dann formen Sie die Arme des Nilpferdes und fixieren diese mit Stecknadeln. Die bemalten Augen aus Tonkarton, der Mund, der Knopf sowie die Nasenlöcher aus Glanzkarton werden mit Stecknadeln an der Figur festgesteckt. Bringen Sie nun den Zylinder und die Schleife an. Zuletzt stecken Sie das Nilpferd auf dem Styropor fest.

ELEFANT

Material:
1 Handtuch in Dunkelgrau
(50 x 100 cm)
1 Seiflappen in Dunkelgrau
(30 x 30 cm)
Silbernes Ringelband
Silbernes Schleifenband, 2,5 cm breit
Weißes Satin-Raffband, 4 cm breit
Weißes Spitzenband, 2,5 cm breit
Weißer Tonkarton
Schwarzer Filzstift
Deko-Zylinder
Etwas Styropor

Zur Herstellung des Elefanten orientieren Sie sich bitte am Osterhasen auf Seite 14/15.

Bitte beachten Sie folgende Größenänderungen:
Länge der Ohren: 21 cm
Umfang des Kopfes: 37 cm
Umfang des Bauches: 45 cm

Für den Rüssel falten Sie den Seiflappen zur Hälfte links auf links und binden die Enden jeweils mit Ringelband zusammen. Drehen Sie den Lappen wieder auf rechts, und binden Sie die Enden auf dieser Seite nochmals ab.

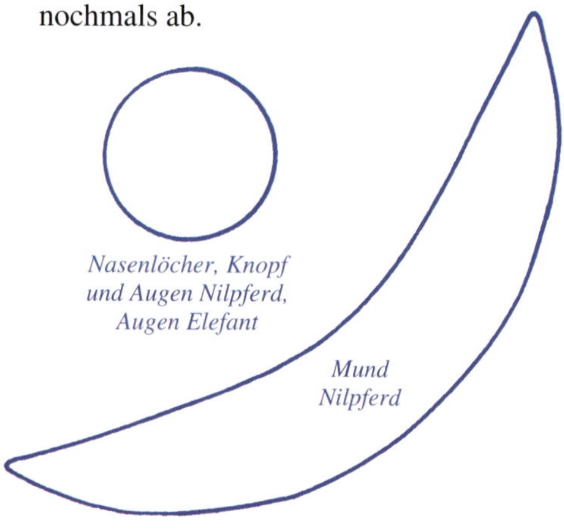

Nun umwickeln Sie den Rüssel mit Ringelband und befestigen ihn dann mit Stecknadeln am Kopf des Elefanten. Stecken Sie dem Elefanten nun den Kopfschmuck, die bemalten Augen aus Tonkarton und die Schleife an. Zuletzt fixieren Sie den Elefanten auf dem Styropor.

SCHNECKE

Material :
1 Gästetuch in Pink (30 x 50 cm)
Pinkfarbenes Ringelband
Weißes Spitzenband, 2,5 cm breit
Schwarzer Glanzkarton
2 Wackelaugen (ø 1cm)
Deko-Blatt (ca. 15 x 15 cm)
Deko-Zylinder

Falten Sie das Gästetuch zweimal der Länge nach zusammen (7,5 x 50 cm), und klappen Sie ca. 6 cm für den Kopf ein. Fixieren Sie diesen mit Ringelband. Rollen Sie nun den Rest des Gästetuches auf, und stecken Sie das so entstandene Schneckenhaus am Kopf der Schnecke mit Stecknadeln fest. Befestigen Sie den Zylinder, den Mund aus Glanzkarton (siehe Seite 11) und die Schleife ebenfalls mit Stecknadeln, die Wackelaugen werden mit doppelseitigem Klebeband fixiert. Setzen Sie dann die Schnecke auf das Blatt, welches Sie am Bauch mit Stecknadeln befestigen.

KRAKE

Material:
3 Seiflappen in Dunkelblau
(30 x 30 cm)
Dunkelblaues Ringelband
Roter Glanzkarton
Wackelaugen (ø 1 cm)
Deko-Hütchen

Rollen Sie die Seiflappen jeweils zusammen, und binden Sie die Enden mit Ringelband ab. Legen Sie nun die drei Rollen sternförmig übereinander, und binden Sie dann den Kopf der Krake mit Ringelband ab. Stecken Sie nun den Hut fest, und befestigen Sie die Wackelaugen mit doppelseitigem Klebeband.

Mund für Schnecke und Krake

MARIENKÄFER

Material:
1 Seiflappen in Rot (30 x 30 cm)
Rotes Ringelband
Weißes Spitzenband, 2,5 cm breit
Weißer Tonkarton
Schwarzer Glanzkarton
Schwarzer Filzstift
Klebefilm
Deko-Zylinder
Zellophanfolie

Aus Folie formen Sie den Körper (Umfang 40 cm) und den Kopf (Umfang 21 cm) und kleben beide Teile mit Klebefilm zusammen (siehe Abbildung). Befestigen Sie eine Ecke des Seiflappens unterhalb des Körpers mit einer Stecknadel, legen Sie die obere Ecke um den Kopf, und binden Sie den Kopf mit Ringelband ab (siehe Abbildung).

Nun drapieren Sie den Rest des Seiflappens um den Körper herum und befestigen alles schrittweise mit Stecknadeln.
Dann schneiden Sie vier 21 cm lange und 1 cm breite Streifen sowie Punkte in verschiedenen Größen (am besten mit einer Kreisschablone) aus schwarzem Glanzkarton aus. Stecken Sie dem Marienkäfer nun den Zylinder, die bemalten Augen aus weißem Tonkarton sowie den Mund aus Glanzkarton an. Befestigen Sie mit Stecknadeln einen schwarzen Streifen auf der Mitte des Körpers, und verteilen Sie die schwarzen Punkte auf beiden Seiten. Danach werden die drei restlichen Streifen als Beine am Bauch des Marienkäfers festgesteckt. Zuletzt binden Sie aus dem Spitzenband eine Schleife und stecken diese seitlich am Hals fest.

OSTERHASE

Material:
1 Gästetuch in Braun (30 x 50 cm)
Braunes und weißes Ringelband
Weißes Schleifenband, 2,5 cm breit
Weißer Tonkarton
Schwarzer Filzstift
Deko-Zylinder
Deko-Möhre
Zellophanfolie
Etwas Styropor

Zum Formen des Hasen orientieren Sie sich bitte an den Abbildungen. Legen Sie die gegenüberliegenden Ecken des Gästetuches der Breite nach links auf links übereinander (30 x 25 cm), und verbinden Sie diese mit Ringelband. Die Länge der so entstandenen Ohren sollte ca. 9 cm betragen. Nun schieben Sie eine Kugel aus Folie für den Kopf (Umfang 24 cm) in die Öffnung unterhalb der Ohren und binden diesen mit braunem Ringelband ab. Für den Bauch schieben Sie eine Kugel aus Folie (Umfang 28 cm) in die Öffnung unterhalb des Kopfes und ziehen die verbleibenden Enden bis zum Hals, so daß ein runder Bauch entsteht. Nun befestigen Sie alles mit Ringelband. Zum Schluß werden die Arme des Osterhasen geformt und mit Stecknadeln fixiert. Augen und Nase aus Tonkarton werden bemalt und ebenso wie der Zylinder am Osterhasen festgesteckt. Die Barthaare bestehen aus drei 7 cm langen Stücken weißes Ringelband, das gemeinsam mit der Nase fixiert wird. Befestigen Sie zum Schluß die Schleife, den Zylinder und die Möhre. Nun können Sie den Osterhasen auf dem Styropor feststecken.

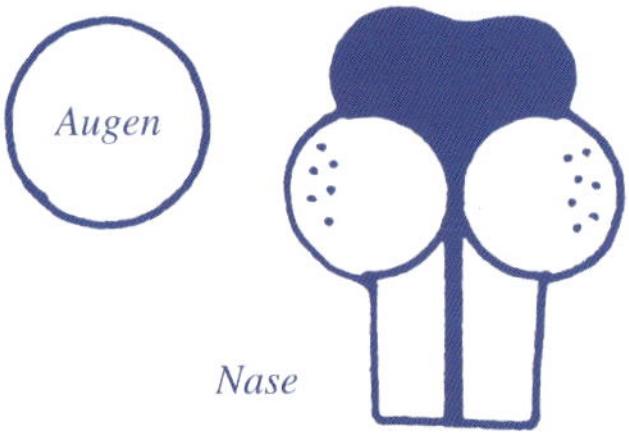

MAUS MIT MAUSEFALLE

Material:
1 Seiflappen in Grau (30 x 30 cm)
Graues Ringelband
Schwarze Kordel
Weißer Tonkarton
Schwarzer Filzstift
Deko-Zylinder
Holzwolle
Mausefalle
Zellophanfolie

Zum Formen der Maus können Sie sich an den Abbildungen orientieren. Legen Sie den Seiflappen rechts auf rechts zu einem Dreieck zusammen, und binden Sie an der Spitze des Dreiecks 3 cm mit Ringelband ab. Wenden Sie die abgebundene Ecke nach innen, formen Sie für den Kopf ein Oval aus Folie mit einem Umfang von 16 cm, stecken Sie dieses in die Spitze, und binden Sie den Kopf ab.

Formen Sie nun für den Körper eine Kugel aus Folie (Umfang 30 cm), und schieben Sie diese in die Öffnung. Die verbleibenden Enden werden zum Kopf gezogen und mit Ringelband befestigt. Die Ohren formen Sie aus den beiden Ecken und befestigen sie mit Stecknadeln.
Die bemalten Augen aus Tonkarton und der Zylinder werden mit Stecknadeln fixiert. Für die Barthaare verknoten Sie zwei 8 cm lange Stücke Kordel in der Mitte und stecken diese mit einer Stecknadel fest. Eventuell müssen Sie die Länge korrigieren. Für den Schwanz der Maus benötigen Sie 15 cm Kordel, die am Ende mit einem Knoten versehen und an der Maus festgesteckt wird.
In die Mausefalle können Sie einige Geldscheine stecken.

EISTÜTE

Material:
Jeweils 1 Seiflappen in Rot, Türkis, Beige (30 x 30 cm)
Weißer Glanzkarton
Rotes, türkisfarbenes, beiges Ringelband
Eisschirmchen
Doppelseitiges Klebeband
Zellophanfolie

Formen Sie aus Folie drei Kugeln mit einem Umfang von 23 cm. Legen Sie die Seiflappen jeweils um eine Kugel, und befestigen Sie diese mit Ringelband. Aus dem Glanzkarton schneiden Sie einen Kreis (ø 32 cm) aus und drehen hieraus die Eistüte. Die Enden kleben Sie mit doppelseitigem Klebeband fest. Drapieren Sie die drei Eiskugeln in die Eistüte, und stecken Sie sie mit Stecknadeln fest. Dann dekorieren Sie das Eis mit dem Eisschirmchen.

LUTSCHER

Material:
1 Handtuch in Rot-Weiß meliert (50 x 100 cm)
Rotes Schleifenband, 2,5 cm breit
Weißes Tüllband, 2,5 cm breit
Weißer Glanzkarton
Doppelseitiges Klebeband

Falten Sie das Handtuch der Länge nach auf die Hälfte. Diesen Vorgang wiederholen Sie noch zweimal, so daß ein 9 cm breiter Streifen entsteht. Rollen Sie diesen schneckenförmig zusammen, und befestigen Sie das Ende mit Stecknadeln. Rollen Sie aus 10 x 20 cm weißem Glanzkarton den Stiel des Lutschers zusammen, und fixieren Sie dessen Enden mit doppelseitigem Klebeband. Umwickeln Sie den Stiel mit dem Schleifenband, und befestigen Sie die Enden mit doppelseitigem Klebeband. Stiel und Lutscher werden mit Stecknadeln miteinander verbunden. Nun dekorieren Sie die Ansatzstelle mit dem Tüllband.

KUH

Material:
2 Gästetücher in Schwarz
(30 x 50 cm)
Schwarzes Ringelband
Weißes Schleifenband mit goldenem Rand, 4 cm breit
Glanzkarton in Weiß
Glanzkarton in Silber
2 Wackelaugen (ø 1,5 cm)
Watte
Deko-Kleeblatt
Doppelseitiges Klebeband
Zellophanfolie

Legen Sie das Gästetuch für den Kopf zur Hälfte zusammen (30 x 25 cm), und binden Sie die Ohren, die 7 cm lang werden sollten, an der geschlossenen Seite ab. Formen Sie aus Folie den Kopf (Umfang 30 cm) sowie die Nase, und verbinden Sie die unteren Enden mit Ringelband. Legen Sie nun das zweite Gästetuch der Länge nach mit der rechten Seite nach unten vor sich. Die linke untere Ecke sowie die rechte obere Ecke werden zusammengenommen und etwa 5 cm nach innen geschlagen. Zwischen diese beiden nach innen geschlagenen Ecken legen Sie nun den Hals und verbinden die beiden Tücher von innen mit Ringelband. In die entstandene Röhre schieben Sie ein Oval aus Folie (Umfang 50 cm) für den Körper. Die überstehende linke Ecke schlagen Sie nach unten und befestigen sie mit Stecknadeln an der Unterseite der Kuh. Die rechte überstehende Ecke wird mit etwas Ringelband abgebunden und als Schwanz am Bauch der Kuh fixiert. Nach der Vorlage fertigen Sie aus weißem Glanzkarton die Hörner und aus silbernem Glanzkarton die Nasenlöcher sowie den Mund. Die Flecken aus weißem Glanzkarton können Sie nach Belieben ausschneiden und ebenso wie die Augen mit doppelseitigem Klebeband auf der Kuh befestigen. Stecken Sie die anderen Teile mit Stecknadeln fest. Die Watte plazieren Sie unterhalb der Hörner sowie am Schwanz und fixieren sie mit Stecknadeln.

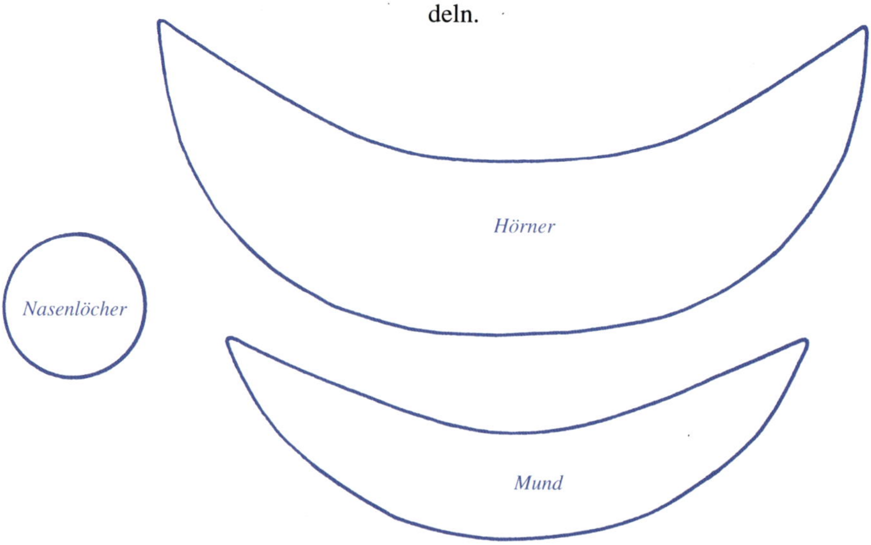

KOCH

Material:
3 Küchentücher in Weiß mit rotem Rand (50 x 50 cm)
Weißes Ringelband
Rotes Schleifenband, 2,5 cm breit
Weißer Tonkarton
Roter und weißer Glanzkarton
Weißes Kreppapier
Selbstklebende goldene Sterne
Schwarzer Filzstift
Deko-Knoblauchknollen
Kochlöffel
Doppelseitiges Klebeband
Zellophanfolie

Wenn Sie ein Tuch mit Stickerei verwenden möchten, achten Sie darauf, daß sich diese in der rechten unteren Ecke des Tuches befindet. Für die Arme und Beine der Figur rollen Sie zwei Küchentücher zusammen und binden die Enden mit Ringelband ab. Das dritte Tuch legen Sie zur Hälfte zusammen. Fixieren Sie den Kopf aus Zellophanfolie (Umfang 24 cm) in der Mitte, und binden Sie ihn mit Ringelband ab. Dazu können Sie sich an der Abbildung zur Putzperle orientieren. Legen Sie nun die Arme und Beine, die Sie in der Mitte verbunden haben, in die Öffnung unterhalb des Kopfes, und binden Sie mit Ringelband die Taille der Figur ab. Nach der Vorlage fertigen Sie die bemalten Augen und den Mund und stecken sie mit Stecknadeln fest. Befestigen Sie nun die Schleife und die Knoblauchknolle mit Stecknadeln. Der Kochlöffel wird mit Ringelband an der Taille befestigt.

So entsteht die Kochmütze:
Für den Mützenrand benötigen Sie einen 3 cm breiten und 21 cm langen, weißen Glanzkartonstreifen, den Sie mit doppelseitigem Klebeband zusammenkleben und mit goldenen Sternen verzieren. Ein 25 x 25 cm großes Stück weißes Kreppapier kleben Sie dann gefaltet in den Innenrand.

PUTZPERLE

Material:
1 Geschirrtuch in Weiß mit gestreiftem Rand (50 x 70 cm)
Weißes Ringelband
Weißer Tonkarton
Roter Glanzkarton
Schwarzer Filzstift
Strohhut (ø 11 cm)
Topfschwamm
Geschirrbürste
Zellophanfolie

Falten Sie das Geschirrtuch der Länge nach zur Hälfte (50 x 35 cm). Fixieren Sie den Kopf aus Folie (Umfang 25 cm) in der Mitte, und binden Sie diesen mit Ringelband ab (siehe Abbildung).

8 cm unterhalb des Halses binden Sie den Rock der Putzperle ab und stecken die Seiten jeweils von innen mit Stecknadeln zusammen. Stecken Sie der Putzperle mit Stecknadeln den Hut, die bemalten Augen aus Tonkarton und den Mund aus Glanzkarton an. Zum Schluß binden Sie die Geschirrbürste und den Topfschwamm mit Ringelband an der Taille der Figur fest.

SCHNEEMANN

Material:
1 Gästetuch in Weiß (30 x 50 cm)
Weißes Ringelband
Rot-weiß kariertes Schleifenband, 2,5 cm breit
Schwarzer und weißer Tonkarton
Roter Glanzkarton
Deko-Besen
Deko-Zylinder
Zellophanfolie
Etwas Styropor

Zum Formen des Schneemannes können Sie sich an den Abbildungen orientieren. Falten Sie das Gästetuch der Länge nach zur Hälfte (30 x 25 cm), fixieren Sie den Kopf aus Folie (Umfang 17 cm) in der Mitte, und binden Sie diesen mit Ringelband ab. Eine zweite Kugel aus Folie (Umfang 15 cm) wird für den Oberkörper benötigt. Diesen binden Sie ebenfalls ab. Formen Sie anschließend eine dritte Kugel aus Folie für den Bauch (Umfang 24 cm), drapieren Sie den verbleibenden Teil des Gästetuches um die Kugel herum, und befestigen Sie dieses schrittweise mit Stecknadeln.

Stecken Sie dem Schneemann den Zylinder, die bemalten Augen sowie die Nase an, und knoten Sie ihm das Schleifenband als Schal um den Hals. Befestigen Sie die Knöpfe und den Besen ebenfalls mit Stecknadeln. Stecken Sie dann den Schneemann mit Stecknadeln auf dem Styropor fest. Die Knöpfe fertigen Sie bitte nach der Vorlage für den Knopf von Seite 8.

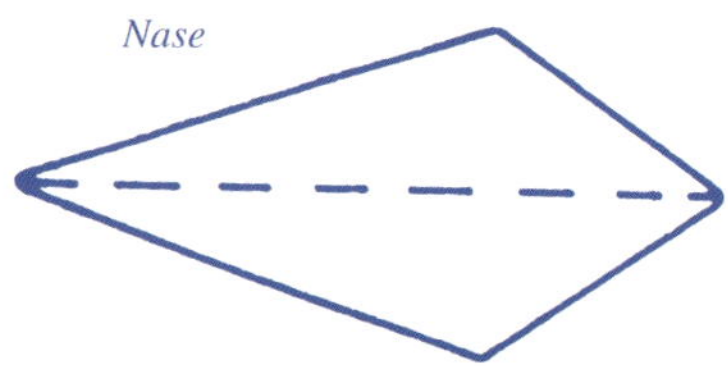

WEIHNACHTSMANN

Material:
1 Gästetuch in Rot (40 x 65 cm)
Roter Filz (20 x 20 cm)
Rotes Ringelband
Goldkordel
Watte
Brauner und weißer Tonkarton
Selbstklebende goldene Sterne
2 rote Pompons, mit und ohne Glitzer, (ø 2 cm)
Zellophanfolie
Tacker
Etwas Styropor

Bei der Herstellung des Weihnachtsmannes orientieren Sie sich bitte am Schneemann (Seite 24).

Bitte beachten Sie folgende Größenänderungen:
Umfang des Kopfes: 25 cm
Umfang des Körpers: 20 cm
Umfang des Bauches: 32 cm.

So entsteht die Mütze:
Falten Sie den Filz zu einem Dreieck, verbinden Sie eine Seite mit Tackerklammern, und wenden Sie dann den Filzhut, damit die Klammern innen liegen. An seiner Spitze wird der Pompon mit Glitzer festgesteckt. Nach der Vorlage fertigen Sie die Augen und das Säckchen an. Stecken Sie dem Weihnachtsmann mit Stecknadeln die Mütze, die bemalten Augen, den Pompon ohne Glitzer als Nase sowie den Bart und die Haare aus Watte an. Befestigen Sie nun das mit den Sternen beklebte und mit der Goldkordel verzierte Säckchen. Stecken Sie anschließend den Weihnachtsmann auf dem Styropor fest.

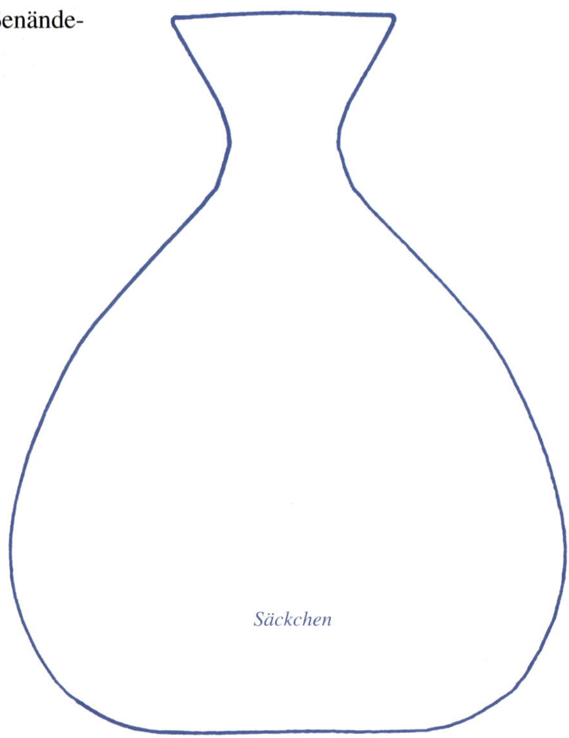

KERZE

Material:
1 Gästetuch in Rot (30 x 50 cm)
Gelber Tonkarton
Schwarzer und roter Filzstift
Deko-Weihnachtssterne und
-Blätter

Flamme

Halbieren Sie das Gästetuch der Länge nach (15 x 50 cm), rollen Sie es zusammen und befestigen Sie die Seiten mit Stecknadeln. Die Flamme aus Tonkarton wird bemalt und auf die Kerze gesteckt. Dazu können Sie sich an der Abbildung orientieren. Danach dekorieren Sie die Kerze mit den Weihnachtssternen und Blättern.

SCHORNSTEINFEGER

Material:
1 Gästetuch in Schwarz (30 x 50 cm)
Schwarzes Ringelband
Goldenes Schleifenband, 2,5 cm breit
Weißer Tonkarton
Roter Glanzkarton
Schwarzer Filzstift
Deko-Zylinder, -Glückspilz, -Hufeisen, -Kleeblatt und -Leiter
Zellophanfolie
Etwas Styropor

Zur Herstellung des Rohlings orientieren Sie sich bitte am Schneemann auf S. 24. Die bemalten Augen aus Tonkarton, den Mund aus Glanzkarton sowie den Zylinder befestigen Sie mit Stecknadeln. Aus dem Schleifenband binden Sie eine Schleife und befestigen diese am Hals. Zuletzt bringen Sie die Leiter, den Glückspilz, das Kleeblatt sowie das Hufeisen an. Um dem Schornsteinfeger etwas Standfestigkeit zu geben, stecken Sie diesen auf Styropor fest. Die Augen und den Mund fertigen Sie nach den Vorlagen zum Koch (S. 22).

PINGUINBRAUTPAAR

Material:
2 Seiflappen in Weiß (30 x 30 cm)
2 Seiflappen in Schwarz (30 x 30 cm)
Schwarzes Ringelband
Schwarz-goldenes Schleifenband, 2,5 cm breit
Weißes Spitzenband, 2,5 cm breit
Weißes Satin-Raffband, 4 cm breit
Gelber und weißer Tonkarton
Deko-Zylinder
Gelbe Seidenblüten und Seidenblätter
2 Plastiktüten, 18 x 26 cm
Zeitungspapier
Klebeband

Zur Herstellung der Pinguine können Sie sich an den Abbildungen orientieren. Füllen Sie die Plastiktüten mit Zeitungspapier, und kleben Sie diese mit Klebeband zu. Beziehen Sie den Rohling mit dem weißen Seiflappen, kennzeichnen Sie die Hälfte des schwarzen Seiflappens mit einer Nadel, und stecken Sie diesen oben am Kopf des Pinguins fest. Binden Sie den Kopf des Pinguins mit Ringelband ab, und fixieren Sie die Flügel mit Stecknadeln. Dann werden die Seitenteile mit Stecknadeln am unteren Rand des Pinguins befestigt. Raffen Sie den schwarzen Seiflappen am Rückenteil in der Mitte etwas nach oben zusammen, und befestigen Sie ihn am Körper mit Stecknadeln, so daß ein Frack entsteht. Ziehen Sie 30 cm Raffband zu einem Kreis zusammen, und verknoten Sie die Fäden. Das Spitzenband wird zu einer kleinen Schleife mit 15 cm langen Bändern verarbeitet und samt dem zusammengezogenen Raffband auf dem Kopf der Braut fixiert. Bestücken Sie die Braut außerdem mit den bemalten Augen, dem Schnabel sowie den Füßen. Binden Sie aus dem Schleifenband zwei Schleifen, und befestigen Sie diese am Hals der Pinguine. Stellen Sie aus den Seidenblüten und -blättern einen Strauß zusammen, und befestigen Sie diesen seitlich am Körper der Braut. Stecken Sie dem Bräutigam den Zylinder samt einer Blüte auf, und bringen Sie ebenfalls die Augen, den Schnabel sowie die Schleife an.

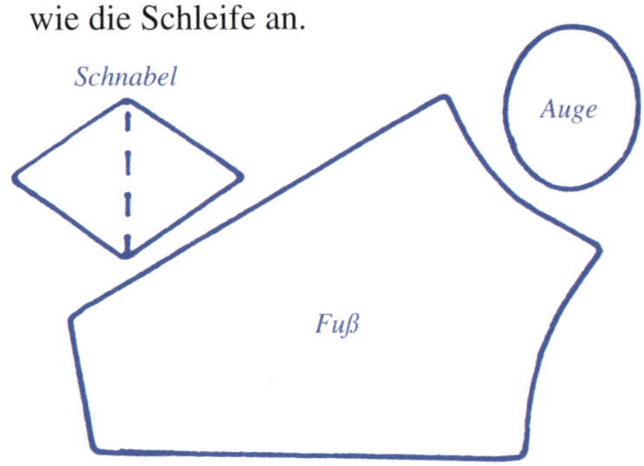

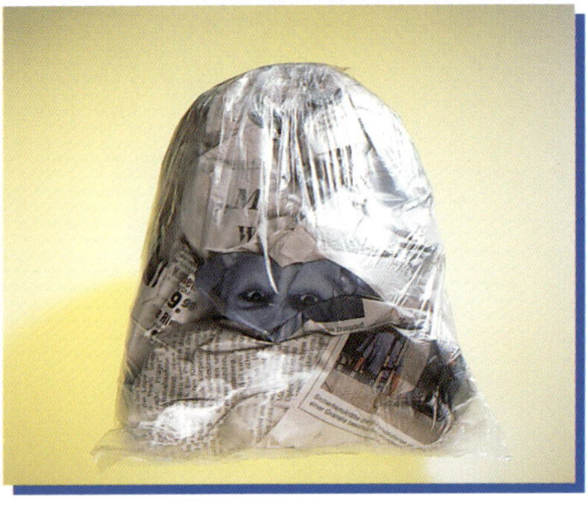